Sarah Baudendistel
Akzeptanz, der Schlüssel zur Zufriedenheit

AF191896

Sarah Baudendistel

Akzeptanz, der Schlüssel zur Zufriedenheit

Impressum

Coverdesign: Perry Payne
Bilderquellen: Bild von Alexandra_Koch auf Pixabay
Bild von OpenCliparts-Vectors auf Pixabay
Porträtfoto: Fabio Quirini
Lektorat & Korrektorat & Satz: Sigrid Wohlgemuth

Verantwortlich für den Inhalt des Textes ist die Autorin
Sarah Baudendistel.

Herstellung und Verlag: BoD – Books on Demand, Norderstedt

ISBN 9783758327513

Akzeptanz, der Schlüssel zur Zufriedenheit

Sei kein Zuschauer deines Lebens.
Fange an, es zu gestalten.

INHALTSVERZEICHNIS

EINLEITUNG

Ich bin davon überzeugt, dass dir dieser Ratgeber dabei helfen kann, dein Leben wieder lebenswerter zu gestalten und einen neuen Blickwinkel auf die Dinge in deinem Leben zu bekommen, um deine angestrebten Ziele zu erreichen.

Es werden dir Gedankengänge aufgezeigt, die dich zum Umdenken bewegen und dir helfen können, deine Gedanken neu zu ordnen, um dein Leben positiv zu verändern und endlich glücklich zu werden.

Als Erstes ist es wichtig zu verstehen, dass dein Leben in deinen Händen liegt und nicht fremdgesteuert wird. Auch wenn sich das manchmal so anfühlt.

Aus eigener Erfahrung weiß ich, dass das schwierig ist und wir dazu neigen, zu vergessen, dass andere nicht die Strippen ziehen, die uns in eine gewisse Richtung in unserem Leben lenken. Vielmehr haben wir es anderen erlaubt, diese Macht über uns auszuüben.

Nun ist es an der Zeit, diese Kontrolle wieder zu erlangen und uns neu zu positionieren.

Da ich mir bewusst bin, dass dieses Buch von Menschen in den unterschiedlichsten Situationen gelesen wird, versuche ich auf gewisse Lebensumstände einzugehen.

Ich weiß genau, wie es ist, wenn man ganz unten angekommen ist und glaubt, keine Kontrolle mehr über das eigene Leben zu haben. Denn ich habe fast zwanzig Jahre lang gegen meine Erkrankung gekämpft. Bis ich das eigentliche Potenzial meiner Situation erkannt habe.

Das Wichtigste, was ich in der ganzen Zeit gelernt habe, war und ist die Akzeptanz.

Wichtig ist es mir hier zu erwähnen, dass du nicht den Umstand akzeptieren sollst, dass du nichts verändern kannst. Vielmehr musst du lernen, dass dich all deine Lebensumstände an diesen Punkt in deinem Leben gebracht haben und du aus diesen vielleicht auch etwas lernen konntest. Denn es sind die negativen Erfahrungen im Leben, die uns formen und unseren Geist stärken.

Du musst anfangen zu akzeptieren, dass dein Ausgangspunkt dieser ist, an dem du dich gerade befindest. Nicht mehr und nicht weniger. Das hört sich für manch einen nun vielleicht total einfach an. Und für andere scheint es in ihrer Situation nahezu unmöglich zu sein, den Ist-Zustand zu akzeptieren.

Natürlich sind genau hierfür die Erfahrungen und Situationen verantwortlich, die uns bis zu diesem Punkt gebracht haben.

Aber ich kann dir eins aus eigener Erfahrung mit auf deinen Weg geben:

Wenn du nicht bereit bist, deine Situation zu akzeptieren, und weiter deine Energie damit vergeudest, gegen eben diese anzukämpfen, wirst du niemals weiterkommen.

Glaub mir, ich habe es jahrelang versucht. Und deshalb kann ich dir aus meiner eigenen Erfahrung berichten, dass ich so viel Energie und Zeit damit vergeudet habe, die ich für ganz andere, viel schönere Projekte und Erfahrungen in meinem Leben hätte gebrauchen können. Wie dieses Buch.

Was hilft einem dabei, in die Akzeptanz zu kommen?

Dies möchte ich dir auf den folgenden Seiten etwas näherbringen.

AUSGANGSPUNKT UND DIE KRAFT DER AKZEPTANZ

Die Frage, die du dir stellen solltest, ist folgende:

Warum verschwendest du so viel Zeit damit, dich selbst zu bedauern, wenn du diese Zeit auch dafür nutzten könntest, dein Leben ins Positive zu verändern?

Nun wird der ein oder andere vermutlich mit meinem absoluten Lieblingswort antworten.

Dem Wörtchen: weil

Vielleicht fängt der erste Satz, der dir eingefallen ist, ja sogar genauso an:

- Weil mein Leben so scheiße ist.
- Weil ich nicht so viel Glück habe wie andere.

Ich hingegen bin davon überzeugt, dass vieles in unserem Leben nichts mit Glück zu tun hat. Es lässt sich jedoch auch nicht wegdiskutieren, dass wir alle auf diese Welt mit mehr oder weniger gut gepackten Koffern kommen.

Dennoch ist es das Ergebnis, welches am Ende zählt, was wir daraus gemacht haben.

Es gibt genug positive Beispiele von Menschen, die sich von ganz unten hochgearbeitet haben. Und damit möchte ich nicht sagen, dass dir dieses Buch dabei helfen kann, reich und berühmt zu werden. Nein, aber vielleicht glücklicher. Und der Text kann dir dabei helfen, in deine eigene Kraft zu kommen. Diese benötigst du als Antrieb ebenso, wie das Auto Benzin zur Fortbewegung. Ohne diese Kraft ist alles, was wir vorhaben, nichts als leere Worte. Oder bist du schon mal mit leerem Tank zum Supermarkt gefahren?

Jeder auf diesem Planeten hat ebenso sein Päckchen zu tragen. Bist du wirklich davon überzeugt, dass es Menschen gibt, die weniger Probleme und Ängste haben als du und ich?

Vielleicht haben diese Menschen, die es in ihrem Leben zu etwas gebracht haben, einfach nur einen anderen Umgang damit gelernt.

Bist du davon überzeugt, dass reiche und berühmte Persönlichkeiten weniger Ängste und Sorgen haben?

Schließlich sind wir doch alle mit denselben Gefühlen auf die Welt gekommen. Hier haben wir so ziemlich alle die gleiche Software bekommen, die sich im Laufe unseres Lebens immer weiterentwickelt hat.

Wie schaffst du es nun, deinen Ist-Zustand zu akzeptieren?

Vielleicht denkt sich der eine oder die andere nun: ´gar nicht`, weil er oder sie erkrankt ist oder nicht einmal weiß, wie man über den Monat hindurch den Kühlschrank füllen soll.

Diesen Menschen möchte ich eine Gegenfrage stellen: Was ändert sich für dich, wenn du deine Energie weiter damit vergeudest, sauer und traurig über deine jetzige Situation zu sein?

Für dich wird sich gar nichts verändern! Du wirst nächstes Jahr noch genauso dasitzen und genau dasselbe denken, wie heute. Und nun stelle ich dir die für dich, in dieser Situation, wichtigste Frage:

Möchtest du das?

Du solltest bitte ernsthaft darüber nachdenken, ob du diese Veränderung wirklich möchtest. Wenn du dazu bereit bist, bin ich zu 100 % davon überzeugt, dass du alles erreichen kannst, wenn du dich wirklich dahinterklemmst.

Wenn du nun gemerkt hast, dass du noch nicht bereit dazu bist, diesen Schritt zu gehen, dann ist es sehr wichtig, herauszufinden, was dich festhält.

Warum bist du nicht bereit loszulassen?

Oft schützt uns unsere Gewohnheit vor eben diesen neuen Denkmustern und den dazugehörigen neuen Erfahrungen, weil wir uns selbst nicht enttäuschen wollen. Denn wenn ich ehrlich zu mir selbst bin, dann weiß ich aus meiner eigenen Erfahrung, dass meine größte Angst immer die war, mich selbst zu enttäuschen und anderen mit ihrem Gerede über mich zuzustimmen.

Und Angst ist immer ein schlechter Ratgeber, denn sie bringt uns nicht weiter.

Was ich dir also sagen möchte, ist, dass die Akzeptanz deiner jetzigen Situation dich in deine eigene Kraft bringt, weil du deine Energie nicht mehr verschwendest, das Negative zu sehen, dadurch machen sich automatisch neue Wege auf.

Sei dir dessen bewusst, dass dies ein Prozess ist. Das funktioniert nicht von heute auf morgen. Deine negativen Denkmuster haben mitunter Jahre, wenn nicht sogar Jahrzehnte, in dir gewütet.

Es dauert also, bis wir uns umprogrammiert haben. Dein Gehirn muss eine ganz neue Struktur erst lernen. Bei mir hat es sechs Monate gedauert, bis ich bereit war, mein Leben anders zu bestreiten und es endlich wieder selbst in die Hand zu nehmen.

Also nimm den Druck raus und erwarte keine Wunder. Denn Druck ist ungesund.

DIE KRAFT DES WORTES: WEIL

Wir Menschen sind, wenn wir mal ehrlich sind, Meister darin, uns vor uns selbst zu rechtfertigen und zu entschuldigen. Ich persönlich mache das immer mit dem Wörtchen: weil. Manche Menschen benutzen auch das Wörtchen: aber.

Und hier ist es total egal, ob dein innerer Schweinehund weil oder aber heißt. Dieses eine Wort bietet für mich immer die perfekte Ausrede, erst überhaupt nicht mit etwas anzufangen. Denn mal ehrlich, wer kennt uns besser als wir uns selbst? Wir wissen ganz genau, was bei uns zieht. Und dessen werden wir uns nun bewusst und wandeln das Wörtchen weil um in ein: will.

In meinem Kopf läuft das dann meistens wie folgt ab:

- Ich würde so gerne ein Buch schreiben.
- Ich würde so gerne Sport treiben, einen Marathon laufen.
- Ich wäre so gerne endlich fit und schlank.

Und dann kommt wie von Zauberhand das Wörtchen weil daher und hat auf alles eine Ausrede, warum ich das alles nicht machen kann.

- Weil - ich habe ja keine Zeit.
- Weil - ich das eh nicht schaffe.
- Weil - ich gerne esse.

Du merkst, meinem Wort weil fällt immer etwas ein, einen Plan nicht in die Tat umzusetzen. Und das ist auf Dauer sehr negativ für meine Psyche und hält mich auf, etwas umzusetzen. Denn so komme ich gar nicht erst ins Handeln.
Und was gibt es Schlechteres als es gar nicht erst zu versuchen?

Ein Vorhaben, welches du gar nicht erst versuchst in die Tat umzusetzen, ist zu 100 % gescheitert.

Und jetzt werden bei dem einen oder der anderen vielleicht einige weils aufploppen.

Der/die Kranke wird nun denken:

- Weil ich krank bin, schaffe ich nichts von meinem Vorhaben.

Der/die Mittellose wird nun argumentieren:

- Weil ich kein Geld zur Verfügung habe, kann ich mich nicht verwirklichen.

Und es wird noch viele andere Gründe geben, die dem Leser, der Leserin gerade einfallen, etwas nicht umsetzen zu können.
Und denen allen sage ich:

Bleib bei deinen Möglichkeiten!

Komm in die eigene Kraft des Handelns

Jetzt denkst du dir bestimmt: Moment mal, erst soll ich meine Situation akzeptieren und keine Ausreden mehr erfinden, etwas nicht tun zu können, weil ich davon überzeugt bin, keine Möglichkeiten zu haben, meine Situation zu ändern. Und nun soll ich bei eben diesen Möglichkeiten bleiben?

Nein, genau das sollst du eben nicht!

Nun werden wir den Spieß mit der in uns gewachsenen Akzeptanz umdrehen.

Und das funktioniert.

Denn du wirst automatisch damit aufhören, Dinge zu wollen, die dir im Moment verwehrt scheinen. Und dich den Dingen widmen, die in deiner, von den Umständen deines Lebens geschaffenen Situation möglich sind. Und deine Möglichkeiten werden dadurch stetig wachsen, weil sich dir neue Wege und Chancen eröffnen werden. So, dass du nach und nach automatisch die Dinge erreichen wirst, die du dir schon immer erträumt hast. Und diese werden dann maßgeschneidert für dein Leben sein.

Hierzu nenne ich dir ein Beispiel aus meinem eigenen Leben, um dir zu veranschaulichen, was ich dir damit sagen möchte.

Dazu muss ich etwas ausholen. Ich war neunzehn Jahre schwer schmerzerkrankt. Ärzte hatten mich bereits als Patientin abgeschrieben. Da sie sich keinen Rat mehr wussten, wie sie mir hätten helfen können. Doch ich habe nie aufgegeben und immer weiter nach einer Möglichkeit gesucht schmerzfrei zu werden. Ich telefonierte mit Ärzten, recherchierte, und an Tagen, an denen es mir ganz dreckig ging, schrieb ich den vorher rausgesuchten Ärzten eine vorgefertigte E-Mail mit meinem Anliegen. Durch meine Recherchen und der Tatsache, dass ich nie aufgegeben habe, fand ich am Ende die Ursache meiner Schmerzen selbst heraus.

Dann wurde diese Ursache behoben und ich musste vieles neu lernen. Ich hatte erwartet, dass mein Körper von heute auf morgen wieder funktionierte, wie der aller anderen Menschen. Das tat er natürlich nicht. Und ich habe damals nicht verstanden, wie ich damit umgehen sollte. Schließlich wollte ich Kraftsport betreiben und joggen gehen, wie ich es mir vor den ganzen Behandlungen erträumt hatte. Natürlich ließ ich mich von meinem Körper nicht davon abhalten, es zu probieren.

Und ich versuchte es nicht nur einmal. Aber jeder Versuch, ein von mir ausgemaltes normales Leben zu leben und den Sport zu betreiben, den ich liebte, brachte mich ein Stück weiter weg von diesem Ziel.

Warum war das so?

Ganz einfach, ich habe meine Situation nicht akzeptiert und bin täglich über das, mir zu dem Zeitpunkt Möglichen, gegangen. Also war ich gezwungen den Sport vorerst an den Nagel zu hängen. Da mich die Symptome meiner Erkrankung ins Bett zwangen.

Dann habe ich in einem für mich schmerzlichen Prozess gelernt, das Training meinen körperlichen Gegebenheiten anzupassen. Ich bin also in meinen Möglichkeiten geblieben und habe mit, für andere Sportler lächerlichen, fünf Kilogramm angefangen, meine Arme zu trainieren. In dieser Zeit habe ich fünfundzwanzig Wiederholungen und fünf Sätze gemacht. Getreu dem Motto:

Mühsam ernährt sich das Eichhörnchen.

Und ich habe relativ schnell gemerkt, dass ich Fortschritte mache. Und wenige Zeit später konnte ich das Doppelte an Gewicht nehmen und die Wiederholungen kürzen.

Heute muss ich kaum noch Rücksicht darauf nehmen. Auch wenn manche Übungen derzeit noch nicht möglich sind. Aber ich bin davon überzeugt, dass ich die bald auch schaffen werde, weil meine Herangehensweise funktioniert, aufgrund meiner von mir geschaffenen Akzeptanz der Umstände.

Und deshalb lerne deine Ziele zu definieren und mit deinen Möglichkeiten zu arbeiten. So wirst du automatisch vorankommen.

Und denke bitte immer daran:

Der Weg ist das Ziel.

Sind Träume etwas Schlechtes?

Bleib bei deinen Möglichkeiten, heißt nicht, dass du nicht träumen sollst. Träume sind etwas sehr Gutes. Sie beflügeln uns in unseren Vorhaben. Doch sie nützen uns nichts, wenn sie in unserer aktuellen Situation utopisch scheinen.

Hierzu nenne ich gerne ein Beispiel:

Stell dir vor, du träumst davon, in drei Monaten den Berlin-Marathon zu laufen, bist aber zum derzeitigen Zeitpunkt total unsportlich. Das ist dir, im Beispiel, jedoch total egal und du ziehst dir die Laufschuhe an, weil du in deinen Träumen schon der/die geborene Läufer/Läuferin bist. Du gehst also aus der Haustür, bist übermotiviert und lässt über Kopfhörer deine absolute Lieblingsmusik laufen. Das Wetter ist toll, die Sonne scheint, es ist nicht zu warm und nicht zu kalt. Der perfekte Lauftag. Du gehst los und entscheidest dich für die kleine Runde übers Feld von zehn Kilometern, weil du ja langsam anfangen möchtest. Nun läufst du los und bist immer noch motiviert. Nach den ersten einhundert Metern merkst du, dass du langsam Probleme mit der Luft bekommst. Aber du denkst dir, immer noch total motiviert: Das ist der Anfang und legt sich gleich wieder. Doch das tut es nicht. In der Zwischenzeit bist du bei fünfhundert Metern angekommen, jappst noch mehr nach Luft und hast zusätzlich schlimme Seitenstiche bekommen. Die meisten Läufer würden jetzt aufhören und langsam gehen. Da sie einfach nicht mehr können. Und genau das wird in diesem Beispiel gemacht. Du gehst in der Hoffnung, gleich wieder weiter laufen zu können und wenigstens die fünf Kilometer zu schaffen. Du erreichst einen Kilometer. Die Seitenstiche haben sich etwas beruhigt und du kannst tief durchatmen. Du läufst los und merkst schon nach weiteren zweihundert Metern, dass du nicht mehr kannst.

Was nun? Aufgeben? Die Runde zu Ende laufen oder gehen, egal wie?

Die meisten würden nun umdrehen und ihren Traum vom Berlin-Marathon begraben. Und nun ist es die Kunst, genau dies nicht zu machen. Denn das Problem besteht hier nicht darin, dass du deinen Traum des Berlin-Marathons nicht verwirklichen kannst, sondern darin, dass du ihn als absolut unsportliche Person nicht in diesem Zeitrahmen erreichst. Und zu akzeptieren, dass du nicht alles sofort haben kannst, sondern du Zeit, Geduld und das nötige Wissen benötigst, erfordert mentale Stärke und

einen wachen Geist, um die nötige Reflexion zu erreichen, um sich diese Zeit zu geben. Geduld ist eine
Tugend, die wir zeitweise schmerzlich erlernen.

Wenn du dich nun mit dem Thema weiter auseinan-
dersetzt, bemerkst du schnell, dass selbst erfahrene
und fitte Läufer, Läuferinnen um die sechzehn Wochen kalkulieren, sich auf einen Marathon vorzube-
reiten. Und das sind vier Wochen mehr als die zwölf,
die du als unsportliche Person geplant hast.

Du merkst also selbst, dass dieser Traum kurzfristig
nicht realisierbar ist. Da dir Wissen, Ausdauer und
der Masterplan fehlen.

Was wird nun aus deinem Traum, den
Berlin-Marathon zu laufen?

Zuerst solltest du die Tatsache akzeptieren, dass du
den angestrebten Traum kurzfristig nicht realisieren
kannst. Dies aber bitte alles in dem Wissen und der
Zuversicht, dass es nicht unmöglich ist. Es erscheint
dir in diesem Moment unmöglich, weil du noch nicht
bereit warst, das Nötige zu tun, um diesen Traum zu
verwirklichen.

Um bei dem Beispiel zu bleiben:
Was könntest du nun machen, um deinen
Marathon-Traum nicht aufzugeben?

Du solltest dich dazu entscheiden und dir bewusst machen, dass du täglich etwas dafür tun müsstest. Dir darüber klar werden, was dies wäre, um deinem Ziel jeden Tag ein Stückchen näher zu kommen. In diesem Fall wäre das, erst mal langsam und kontinuierlich mit dem Laufen anzufangen und dich über das Training zu informieren, welches für deinen Wunsch notwendig ist. Und wenn du dich damit überfordert fühlst, dich gleichzeitig informieren zu müssen und diese Informationen in die Tat umzusetzen, kannst du dir die nötige Unterstützung holen. Zum Beispiel in Form eines Trainers.

Du merkst anhand des Beispiels, dass deine Träume nicht unmöglich sind. Du solltest sie deiner derzeitigen Situation und den Gegebenheiten anpassen, um das Ziel zu erreichen, welches du anstrebst.

Träume sind der Motor, den wir zum wachsen brauchen und die treibende Kraft, die uns immer näher an unser Ziel bringt.

Worin besteht dein sehnlichster Traum?

Die Kunst, schlechte Erfahrungen zu schätzen

Wir lernen am meisten durchs Scheitern. Es gibt nichts, was uns besser in Erinnerung bleibt als die schlechten Erfahrungen, die wir in unserem Leben gemacht haben. Und das Scheitern lehrt uns nicht nur, sondern prägt uns nachhaltig für alle weiteren Entscheidungen. Es sorgt also dafür, dass wir unser Vorgehen, unsere Strategie überdenken und diese dem neu Dazugelernten anpassen, um uns zu verbessern.

Wir probieren also wieder Neues aus. Und wir werden immer besser in dem, was wir machen. Weil wir lernfähig sind. Wir lernen aus unseren eigenen Fehlern. Diesen Vorgang wiederholen wir optimalerweise so lange, bis wir unser Ziel erreicht haben.

Natürlich gibt es hier die eine oder den anderen, der bei den ersten Schwierigkeiten den Mut verliert und aufgibt. Das ist dann der Moment, in dem die Zweifel und tief verankerten Glaubenssätze in uns aufsteigen und unsere Pläne zunichte machen.

Wie schaffen wir es, diesen Punkt zu überwinden?

Denn seien wir mal ehrlich, dieser innere Kampf ist anstrengend und zerrt auf Dauer an unseren Nerven. Und wir Menschen lieben es in Wahrheit einfach und bequem. Gleichzeitig wollen wir aber im Wohlstand leben, unsere Zeit frei einteilen und kein Dasein als Hamster fristen. Wir wollen also das alles, sind auch eigentlich bereit, ALLES Nötige dafür zu tun, werden dennoch von der kleinsten Schwierigkeit abgehalten, unser Ziel zu verfolgen, oder noch schlimmer, überhaupt erst etwas anzufangen. Aber eben nicht alle, denn es gibt sie ja, die Personen, die es trotzdem schaffen. Die denken sich auch nicht: Boah geil, Schwierigkeiten. NEIN! Sie haben gelernt, die Schwierigkeiten als das zu sehen, was sie sind: Eine Möglichkeit zu wachsen! Eine Möglichkeit über sich hinaus zu wachsen! Und Wachstum ist immer gut. Denn er bringt uns weiter.

Nur wie schafft man es, dies als Möglichkeit des persönlichen Wachstums anzuerkennen und nicht wieder den Kopf in den Sand zu stecken?

Teile deine Schwierigkeiten in Schritte auf. Der ganze Berg erschlägt einen wörtlich. Er wirkt wie eine Herausforderung, der wir nicht gewachsen sind. Aber wenn wir damit anfangen, sie in Steps einzuteilen, sind es nur Kleinigkeiten, die wir erledigen müssen. Kleinigkeiten, die wir manchmal nebenbei erledigen können und uns dennoch dabei behilflich sind, unser Ziel zu erreichen.

Niemand hat den Kilimandscharo an einem Tag bezwungen. Er wird in mehreren Etappen bestiegen.

Das alles bringt uns nun zwingend zu der Frage:

Wann muss man eine schlechte Erfahrung als Niederlage akzeptieren?

Oder anders formuliert:
An welchem Punkt hat man verloren?

Meine Antwort darauf ist folgende:

Dann, wenn du es zulässt!

Denn eine vorübergehende schlechte Erfahrung ist nun mal das, was wir daraus machen. Sie kann vorübergehend sein und uns nur kurz beschäftigen oder unseren Plan scheitern lassen. Das Entscheidende ist, dass wir das selbst in den Händen halten. Nur du bist in der Lage, das Urteil über deinen persönlichen Erfolg oder deine Niederlage zu sprechen. Denn selbst dann, wenn du in dem Moment keine Lösung für dein jetziges Problem findest, heißt dies nicht, dass du dieses in Zukunft nicht lösen kannst.

Und solange du weiter über eine Lösung nach-denkst, bist du nicht gescheitert.

DIE GEHEIME KRAFT DER ZUVERSICHT

Wo wäre ich heute ohne die nötige Zuversicht, wieder gesund zu werden? Wahrschlich wäre ich dann nicht mehr hier.

Da meine Ärzte sich nicht im Stande sahen, eine medizinische Erklärung für meine Schmerzen zu finden, sah ich absolut keinen Grund mehr, an meinem Leben festzuhalten. Hätte da nicht dieses tief in mir verwurzelte Gefühl existiert, wieder gesund zu werden, auch dann, wenn es in meiner damaligen Situation medizinisch als unmöglich galt, wäre ich heute nicht mehr hier.

Denn sind wir mal ehrlich, welches Gefühl ist schlimmer als die Hoffnungslosigkeit darauf, dass man Linderung erfahren wird?

Ich glaube, dass die Zuversicht in uns allen schlummert. Manche haben nur verlernt diese zu nutzen. Da sie die Zuversicht mit Pessimismus aufgrund negativer Glaubenssätze zugeschüttet haben und sie sich deshalb geringer Beachtung erfreut. Also müssen wir erst lernen, diese wieder zu erwecken. Indem wir unsere negativen Glaubenssätze als das sehen, was sie sind: Sätze, die uns davon abhalten Großartiges zu leisten.

Wir alle sind Opfer unserer Erziehung und unseres Umfelds, welches unseren Charakter und die in uns tief verankerten Glaubenssätze geprägt haben. Doch nun sind wir erwachsen und es ist Zeit aufzuhören, diesen Gegebenheiten die Schuld für unser Hier und Jetzt zu geben. Dies sind auf lange Sicht nur Entschuldigungen und Ausreden, nicht ins Handeln kommen zu müssen.

Ich weiß aus eigener Erfahrung, dass die eigenen Glaubenssätze manchmal unüberwindbar erscheinen. Doch wenn wir sie aufschreiben und uns dessen bewusst werden, dass wir sie haben, werden wir uns in alltäglichen Situationen dabei erwischen, wie wir sie trotz alledem anwenden. Und in diesen Momenten sind wir durch das geprägte Bewusstsein plötzlich bereit, etwas zu ändern. Da wir durch unser geschärftes Bewusstsein in der Lage sind, zu erkennen, was dieser Glaubenssatz da eigentlich mit uns anstellt. Nichts Gutes. Und an dem Punkt in unserem Leben setzt plötzlich die Veränderung ein.

Was wäre der entscheidende Torschuss eines Fußballspieles im Finale wert, ohne die nötige Zuversicht, diesen Ball auch zu versenken?

ZEIT ALS AUSREDE

Dir ist sicher bewusst, dass wir alle dieselbe Zeit am Tag zur Verfügung haben. Vierundzwanzig Stunden sind vierundzwanzig Stunden. Daran gibt es nichts zu rütteln. Auch Menschen, die in ihrem Leben erfolgreich sind, haben nur diese begrenzte Zeit am Tag zur Verfügung. Nur warum schaffen diese Menschen täglich viel mehr als die meisten anderen? Oder sieht es für uns Außenstehende nur so aus, weil wir durch ihren Erfolg geblendet sind?

Reiche Menschen können sich auch keine Lebenszeit erkaufen, sie haben nur gelernt diese anders zu nutzen und Prioritäten zu setzen. Das bedeutet auch, gewisse Aufgaben ab einem gewissen Punkt in deinem Leben an andere zu delegieren. Diese Aufgaben müssen wir abgeben, um uns Größerem zu widmen.

Als Beispiel fällt mir dazu die tüchtige Hausfrau oder der tüchtige Hausmann ein. Nehmen wir an, diese Person hat Kinder. Worin liegen die Prioritäten? Wahrscheinlich bei der Versorgung der Kids und der Führung des Haushalts, oder nicht? Dies zieht viele Aufgaben mit sich. Natürlich haben die Kinder immer oberste Priorität, keine Frage. Aber sind die Kinder gleich vernachlässigt, weil man mittags aus Prioritätsgründen ein schnelles Mittagessen in Form von Spaghetti gezaubert hat? Oder es eine Woche nicht geschafft hat, die Wohnräume zu saugen, weil die Priorität sich auf den Masterplan des eigenen Erfolges und Glücks verschoben hat?

Ich glaube nicht!

Im Gegenteil!

Ein glückliches und zufriedenes Elternteil schafft zufriedende Kinder. Und wenn es hierbei um die berufliche Verwirklichung geht, können Mutter oder Vater ab einem gewissen Punkt sogar Aufgaben an andere delegieren und sich die nötige Zeit freischaufeln. Wie zum Beispiel das Führen des Haushalts.

Passe deine Prioritäten deinen Zielen an.

ERKENNE DEIN POTENZIAL

Es ist kein Geheimnis, dass wir nicht alle alles gleich gut können. Obwohl ich davon überzeugt bin, dass wir alles in gewissen Maßen lernen können. Das dann meist mehr oder weniger gut. Misserfolge und ein nur langsam sichtbarer Fortschritt demotivieren uns. Deshalb solltest du dir deiner Stärken und Schwächen bewusst sein. Denn kurzfristig wird es dir mehr bringen, erst mal deine vorhandenen Fähigkeiten auszubauen, um diese mit neuen zu ergänzen. Denn du wirst schneller Fortschritte und positive Erfahrungen machen. Diese motivieren dich weiter, dein gesamtes Potenzial zu erforschen.

Doch wie erkennst du dein Potenzial überhaupt?

Ich glaube, dass es da nicht den einen richtigen Weg gibt. Und es an uns selbst ist, dies herauszufinden. Oft ist es die Leidenschaft, die uns antreibt, in etwas unser Potenzial zu entdecken. Wenn wir in unserem Leben etwas mit Leidenschaft betreiben, hat dies das Potenzial zu etwas Großartigem zu werden. Denn in Leidenschaft steckt das Wort leiden. Wir sind mit dem Antrieb der Leidenschaft also bereit für unsere sehnlichsten Wünsche und Ziele Leid zu erfahren.

GLAUBE NICHT ALLES

Als Kind wurde meiner Generation beigebracht, dass Erwachsene meistens recht haben und wir ihnen alles bedingungslos glauben konnten. Warum auch nicht? Schließlich waren sie um einiges älter, besaßen die nötige Lebenserfahrung und Weitsicht, um alles besser verstehen und beurteilen zu können.

Erwachsene haben den meisten von uns Kindern die nötige Sicherheit im Leben gegeben. Da wäre es einem nie eingefallen, an Aussagen, Regeln oder Grundsätzen zu zweifeln. Oder doch?

Wir sind zum Glück alle grundverschieden und deshalb hat so manch ein Kind vielleicht doch nicht alles unreflektiert geglaubt. Diese Kinder hatten es oft schwerer, weil sie immer alles genau wissen wollten, um es logisch nachvollziehen zu können. Sie galten dann oft als eigensinnig, stur und schwierig.

Auch in der heutigen Zeit bekomme ich mit, dass Kinder, die ihre eigene Lebensvorstellung haben und schon genau wissen, was sie vom Leben erwarten, oft nicht gerne gesehen sind. Denn unser System funktioniert eben nur, wenn mit dem Strom geschwommen wird. Und es wird alles Erdenkliche dafür getan, dass diese Kinder in das System passen.

Frei nach dem Motto: Was nicht passt, wird passend gemacht. Das funktioniert natürlich nicht sonderlich gut. Denn ist das Kind einmal als Sonderling abgestempelt, wird es diesen Stempel auch lange mit sich rumtragen. Und ihn vielleicht so tief verinnerlichen, dass es irgendwann selbst anfängt zu glauben, dass mit ihm selbst etwas nicht stimmt. Das zieht sich dann wie ein roter Faden durch das ganze Leben.

Doch wer sind diese Menschen, dass sie sich dieses Recht rausnehmen? Und haben sie automatisch recht mit dieser Annahme? Wer sind wir, dass wir uns erlauben können, über Menschen zu urteilen? Vielleicht nehmen wir uns manchmal einfach selbst zu wichtig. Und vielleicht legen wir manches Mal zu viel Wert auf die Einschätzung anderer.

Als Beispiel hierfür fällt mir ein, dass viele Menschen die Meinung vertreten, dass Kinder und Erwachsene mit ADHS nur Probleme machen, den Unterricht, im Job stören und sich schlecht benehmen. Die Vorteile, die eben eine solche Diagnose mit sich bringen kann, werden oft überhaupt nicht erläutert. Diese Menschen sind meistens kreativ, spontan, hilfsbereit und besonders emotional. Anstatt diese tollen und vorteilhaften Eigenschaften zu fördern, sollen Betroffene am besten mit der Höchstdosis an Medikamenten stillgestellt werden, um ins System zu passen. Dazu wird ihnen dann auch noch ein ewiger Kreislauf an Vorwürfen mitgegeben, in denen detailliert aufgelistet wird, was eigentlich falsch mit ihnen ist und woran sie arbeiten müssen.

Als sonderlich hilfreich empfinde ich das persönlich allerdings nicht. Da bereits die Kinder im Glauben aufwachsen, dass sie falsch sind, wie sie sind. Leider lässt sich das Motto der gesellschaftlichen Norm auf so gut wie jeden Lebensbereich ausweiten. Nur, ist es deshalb gleich zur Realität jedes Einzelnen geworden? Und wie würde ein Leben verlaufen, in dem Stärken gefördert und bekräftigt worden sind? Das wird wohl jeder für sich selbst beantworten müssen. Ich allerdings bin davon überzeugt, dass unglückliche Kinder zu noch unglücklicheren Erwachsenen werden.

Natürlich sollte das alles immer differenziert betrachtet und der Leidensdruck der einzelnen Betroffenen berücksichtigt werden. Nicht jedem tut alles gleich gut, und nicht jeder will sich selbst verwirklichen und gegen das System schwimmen.

Dennoch ist es wichtig zu wissen, dass wir uns dem nicht unterwerfen müssen und auch nicht alles bedingungslos annehmen und glauben sollten, was uns vor die Füße geworfen wird. Es gibt nicht nur schwarz und weiß. Und manchmal lohnt es sich genauer hinzusehen und das Wichtigste für einen selbst daraus mitzunehmen.

Vielleicht haben diese kindlichen Erfahrungen dafür gesorgt, dass sich bei der ein oder anderen erwachsenen Persönlichkeit derart starke Glaubenssätze manifestiert haben, dass die in dieser Phase auf gewisse Weise feststecken. Denn sie haben in ihrem Erwachsenenleben nie gelernt, Aussagen auf Daten und Fakten zu prüfen. Manche böse Zunge behauptet, dass diese Personen einfach nur naiv sind. Ich hingegen glaube, dass sie lediglich von Erfahrungen geprägt agieren.

Auch mir sind schon Dinge passiert, die absolut unnötig waren, weil ich mich auf die Aussagen anderer verlassen habe. Dies habe ich dann mit einem bitteren Lehrgeld bezahlt. Allerdings haben mich diese Erfahrungen dazu veranlasst, nun alles doppelt und dreifach zu prüfen, um mir dann eine eigene Meinung aus den vorhandenen Fakten zu bilden.

WAS BEDEUTET GLÜCK FÜR DICH?

Die meisten Menschen setzen Glück mit Reichtum gleich. Bist du davon überzeugt, dass Geld dich glücklich macht? Ich glaube, dass Geld uns frei macht. Geld löst Probleme. Reiche Menschen sind nicht zwingend glücklicher als Menschen, die weniger vermögend sind. Allerdings lässt sich nicht abstreiten, dass wohl jeder von uns lieber unglücklich in seiner Villa sitzen würde als in einem kleinen Apartment.

Dennoch hat jeder von uns eine ganz eigene Interpretation von Glück und glücklich sein. Ich differenziere Glück haben und glücklich sein, weil es nicht dasselbe ist. Glück habe ich heute, wenn ich fünfzig Euro auf der Straße finde und damit meinen Wochenendeinkauf bezahlen kann. Dann habe ich wirklich Glück und kann mich darüber freuen. Doch glücklich macht mich das nicht. Kurzfristig werde ich für ein paar Tage zufriedener sein. Da ich mir keine Sorgen über meinen leeren Magen machen muss. Also kann Glück haben mich kurzfristig zufriedener mit mir und meiner Situation machen. Allerdings ist Glück etwas, das wir nur bedingt beeinflussen können. So ist Glück, in dieser Form, immer abhängig von äußeren Umständen. Und das ist auf Dauer dramatisch. Da diese kurzzeitige Zufriedenheit, die aus diesem Glück entstanden ist, von äußeren Faktoren abhängt. Wir können diese nicht beeinflussen. Aber wir können, mit unserem Handeln, für unser eigenes Glück sorgen.

Glücklich sein bedeutet für mich eine tiefe und andauernde Zufriedenheit zu spüren, die mich erfüllt. Eine Zufriedenheit, für die ich sorge mit meinem Handeln. Diese ist unabhängig von den Umständen in meinem Leben, die ich eh nicht ändern kann. Ich brauche also zum glücklich sein kein Glück.

Was bedeutet glücklich sein für dich?

Für deine Notizen:

_____

_____

_____

_____

_____

_____

_____

_____

_____

_____

FLUCHT VOR MIR SELBST

Hast du schon einmal versucht, vor dir selbst zu flüchten? Ich kann diese Frage mit einem ganz klaren Ja beantworten. Noch vor ein paar Jahren habe ich gedacht, dass ich vor meinem Innersten und meinen Problemen einfach abhauen kann. Koffer packen und auf Nimmerwiedersehen. Natürlich habe ich schnell gemerkt, dass mich meine Probleme und mein Alltag recht schnell einholten. Doch damals habe ich es nicht besser gewusst. Und habe die Momente genossen, in denen ich mein Sein, wenn auch nur kurz, hinter mir lassen konnte.

Am meisten wollte ich allerdings vor meinem Körper davonrennen. Diese ewigen Schmerzen waren unerträglich. Regelmäßig habe ich mir von meinem Umfeld einreden lassen, dass ich zu viel Stress habe und mein Körper diesen mit genau diesen Schmerzen kompensiert.

Ich bin voller Energie und Elan mehrfach spontan in den Urlaub gefahren und redete mir ein, dass ich dort symptomfrei werde. Da mein Stress, den der Alltag mit sich brachte, zu Hause blieb. Die Realität sah anders aus. Ich merkte schnell, dass ich die Schmerzen und die Ängste nicht zu Hause lassen konnte. Denn all meine Lebenserfahrung, Entscheidungen und meine körperliche Beschaffenheit trage ich im Handgepäck überall mit mir hin. Ich konnte nicht gerade mal eben entscheiden, dass ich keine Lust mehr auf mein Leben hatte, oder dass ich ab sofort eine andere Person sein wollte.

Veränderung ist ein Prozess, der mitunter Jahre andauert. Ich habe ein paar Anläufe gebaucht, um das zu verstehen und zu leben. Denn ich kann heute entscheiden, wie ich mein Handgepäck für morgen packe. Aber ich kann das bereits Gepackte nicht einfach austauschen. Da es aus gutem Grund in meinem Handgepäck liegt.

Was genau ich damit meine, möchte ich dir an einem Beispiel erklären.
Ich habe immer Pfefferminzdrops in jeder meiner Taschen. Sogar in den Jackentaschen. Da ich unterwegs gerne einen frischen Atem habe. Nun fliege ich, im Beispiel, in ein anderes Land und bin dort für drei Monate fernab von jeder Zivilisation. Weit und breit gibt es keinen Supermarkt und ich bin abhängig von Lebensmitteln, die mir meine Unterkunft zur Verfügung stellt. Nun habe ich nach einem Monat den Vorrat an Pfefferminzdrops aufgebraucht, und ich komme an keine Alternative. Was ich mir erst einfach vorgestellt habe, stellt sich für mich nun aber

doch als schwierig heraus. Da sich unbemerkt mein ganzes Verhalten von den Minzbonbons abhängig gemacht hat. Ich fühle mich in Gesprächen mit anderen plötzlich unwohl. Aus Angst, einen unangenehmen Atem zu haben. Mein Selbstbewusstsein wird dahin gehend zunehmend geringer und ich fange an, mich zurückzuziehen. Obwohl es nur um Pfefferminzdrops geht, haben diese für mich einen unbeschreiblich großen psychischen Wert. Sie haben mir Sicherheit und Selbstvertrauen gegeben. Und obwohl ich mir dessen bewusst bin, dass ich nur einen begrenzten Vorrat an Drops mitnehmen konnte, verwundert es mich derart, dass ich stark unter dem Verlust dieser Ressource leide.

Und genauso wie in diesem Beispiel ergeht es uns auch mit dem Handgepäck, welches jeder von uns automatisch überall mit hinnimmt. Wenn du nun vielleicht jemand bist, der vor seinen Problemen und Ängsten wegläuft, werden sie dich anhand von Symptomen an jedem beliebigen Ort auf diesem Planeten einholen. Denn unser Leben ist wie ein ewiger Schatten, welcher uns verfolgt. Niemand kann seinen Kampf gegen die eigene Vergangenheit gewinnen. Wir alle haben nur die Zukunft in der Hand.

Doch warum habe ich es wiederholt versucht, vor meinem Leben davon zu laufen? Wahrscheinlich war

es die Hoffnung, dass ich meinen Frieden finde, ge-
paart mit jugendlicher Naivität. Hoffnung lässt uns
manchmal dumme Entscheidungen treffen. Anders
als die Zuversicht. Denn Hoffnung ist in meinen Augen fast nie rational.

Heute gehe ich ganz anders mit Problemen um. Aber
nur, weil ich auf die bittere Weise gelernt habe, dass
das davor Weglaufen nichts bringt.
Dennoch versuchen die Menschen immer wieder
aufs Neue, vor sich und ihrem Leben zu flüchten.
Und beschweren sich dann darüber, dass sie in ihrem
Traumland genauso oder sogar noch unglücklicher
sind, weil sie sich das alles ganz anders vorgestellt
haben. Was mich nicht wundert. Da das soziale Auf-
fangnetz, welches in der Heimat diverse Fehlschläge
kompensieren konnte, in dem Moment komplett
wegfällt. Die meisten geben dann nach kurzer Zeit
auf und kehren nach Hause zurück. Dann werden
die Fehler aber nicht bei sich selbst gesucht. Sondern
bei dem Land und den Menschen, die dort angetrof-
fen wurden. Schlussendlich versuchen sie es erneut,
mit denselben Resultaten. Ist das nicht schrecklich?
Das Fehlen jeglicher Selbstreflexion?

Du kannst also nirgendwo neu anfangen, wenn du
nur den halben Koffer mitnehmen möchtest. Du hast
die Möglichkeit, ihn zuvor neu zu packen und dir

über den Inhalt bewusst zu werden. Das ist meines Erachtens die einzige Möglichkeit, seine Ziele zu erreichen. Es wird auch in deinem Koffer Dinge geben, die du niemals auspacken kannst. So wie in meinem. Aber das ist in Ordnung, denn ich habe dies akzeptiert. Ich habe gelernt mit meinen Dämonen zu leben und lebe in dem Bewusstsein, dass ich dieses Handgepäck mit mir rumtrage.

Es brachte mir also nachweislich nichts, vor meinen Beschwerden davonzulaufen. Da ich sie überall mit hinnahm. Deshalb fand ich die Ursache. Und konnte den Schmerz nun aus meinem Handgepäck nehmen, um Platz für Positivität zu schaffen.

ALLES HAT SEINEN PREIS

Bist du jetzt bereit den Preis zu bezahlen, endlich glücklich und eventuell auch erfolgreich zu werden? Oder ruhst du dich lieber weiter aus und siehst anderen dabei zu, wie sie glücklich und zufrieden leben?

Denn die kommende Zeit wird eine Umstellung sein. Alte schlechte Gewohnheiten werden durch neue zielführende ersetzt. Das kann unter Umständen anfänglich unbequem und schmerzhaft sein. Denn gerade unser geliebter Medienkonsum hält uns dauerhaft davon ab, endlich ins Handeln zu kommen. Wie viele Stunden habe ich schon mit TikTok verbracht und anderen dabei zugeschaut, wie sie ihr Leben leben? Diese Zeit hätte ich rückblickend besser damit verbracht, mir ausgewählte Medien anzuhören oder anzusehen, die mich weiterbringen, um sie dann, auf mich und meine Bedürfnisse zugeschnitten, umzusetzen. Dieser Konsum von Medien, die nachweislich keinen Nutzen für mich haben, war Verschwendung meiner Lebenszeit.

Natürlich ist es nicht immer prinzipiell schlecht, sich mal einen Film oder ein paar TikTok-Videos anzusehen. Etwas Spaß-Konsum ist jedem gegönnt und hält den Geist bei Laune. Dennoch sollte dies nicht den

Großteil unseres Konsums ausmachen. Eine gesunde, abwechslungsreiche Mischung von allem im Leben, das Spaß und Freude bringt, und Dingen, die uns helfen glücklich und zufriedener zu werden, empfinde ich persönlich als angenehm. Ich habe schnell gemerkt, dass neues Wissen und neue Aufgaben mir richtig Spaß machen können. Und so bin ich schon automatisch zufriedener.

Was ist dein Preis, den du bezahlen musst, um dein Leben zu ändern?

Schreib es bitte auf.

_____

_____

_____

_____

_____

_____

_____

_____

_____

_____

_____

_____

_____

BEDAUERN

Weißt du, welchen Satz die meisten Menschen im To-
tenbett gemeinsam haben?

Ach, hätte ich doch bloß …

Wenn du jetzt sterben würdest, in diesem Moment,
was wäre dein: Ach, hätte ich doch bloß?

Schreib es bitte auf.

_____
_____
_____
_____
_____
_____
_____
_____
_____
_____
_____
_____

Ich denke, jeder hat etwas eintragen können, was er nicht bedauern möchte, wenn er diese Welt heute verlassen würde. Vielleicht wäre ein Punkt auf dieser Liste ja perfekt, um ihn direkt in die Tat umzusetzen.

Falls du dazu noch nicht bereit bist, fehlt dir entweder das Wissen, welches du dafür benötigst, oder die emotionale Bereitschaft, diesen Punkt anzugehen. Vielleicht hilft es dir, diesen großen Berg an Aufgaben, so wie ich es gemacht habe, in Kleinigkeiten aufzuteilen und stetig abzuarbeiten. Denn Kleinigkeiten können wir nebenbei erledigen und kosten uns wenig Aufmerksamkeit und Kraft.

UMGANG MIT GEGENWIND

Mir ist es schon sehr oft passiert, dass ich großartige Ideen hatte, die dann aber von meinem Umfeld zerredet wurden. Und das, obwohl ich es bis zu diesem Zeitpunkt geschafft hatte, mich selbst zu motivieren und mein Vorhaben in die Tat umzusetzen.

Allerdings übertrugen sich die Zweifel, Ängste und Befürchtungen meiner Mitmenschen auf mich und mein Vorhaben und bremsten dies in der Umsetzung oder sorgten dafür, dass ich mich nicht mehr traute, weiterzumachen.

Ich habe sehr spät erkannt, dass dies gar nicht meine Ängste, Zweifel und Befürchtungen waren. Sondern es waren die der anderen. Da ich aber bis dato immer besonderen Wert auf die Meinung meiner Mitmenschen gegeben habe, nahm ich diese als meine eigenen Emotionen an. Und auch wenn ich keinen Wert auf diese gelegt hätte, kann ich mich nicht davon freisprechen, dass sie mich nicht wenigstens zum Nachdenken gebracht hätten. Was mir wieder die Kraft fürs Wesentliche gestohlen hätte. Ich wähle bewusst den Begriff gestohlen, weil Zeit kostbar ist und wir uns diese nicht durch Zwänge und Ängste anderer nehmen lassen sollten.

Nun habe ich für mich einen anderen Weg gefunden, um mit den negativen Aussagen anderer über mein Vorhaben klarzukommen. Ich erzähle ihnen einfach nichts mehr und orientiere mich an den Menschen, die das Vorhaben, welches ich mir vorgenommen habe, bereits erfolgreich in die Tat umgesetzt haben. Diese Menschen wissen, welche Dinge zu vermeiden sind und auf was ich achten sollte. Ich kann also aus den Fehlern anderer lernen und ihr angesammeltes Wissen positiv nutzen. Hier ist es wichtig, sich die richtigen Informationen zu besorgen, um erfolgreich zu sein.

Mir fällt auch dazu ein konkretes Beispiel ein:
Wie viele Ärzte und Menschen, ohne medizinische Ausbildung, haben mir damals gesagt, dass ich mich mit meinen Schmerzen abfinden soll, weil meine Chancen auf Linderung ohne strake Medikamente bei null liegen? Das war gefühlt jeder. Niemand von denen hat an mich und an mein Vorhaben geglaubt, dass es dafür einen medizinischen Grund geben muss und ich diesen finden werde. Also habe ich mich an Gleichgesinnten orientiert. An Menschen, die diesen Weg bereits gegangen und immer hartnä- ckig und beharrlich bei der Sache geblieben sind. Von diesen Betroffenen habe ich auch gelernt, dass Diagnosen nicht immer richtig sind und ich diese nicht hinnehmen muss, wenn sie sich für mich nicht

richtig anfühlen. Von ihnen habe ich gelernt, dass ich mich ohne richtige Bildgebung und ohne deutliche Diagnostik nicht mehr behandeln lassen soll.

Doch wir alle geraten irgendwann an diesen einen Punkt, an dem wir voller Enthusiasmus sind und am liebsten allen und jedem von unserer Idee erzählen würden. Auch ich. Und gerade dann hinterfrage ich mich: Bist du bereit, den Gegenwind deiner Mitmenschen auszuhalten ohne vom Weg abzukommen?
Wenn ich zu 100 % emotional und rational dahinter stehe, kann ich die Frage mit Ja beantworten. Wenn ich allerdings für mich noch ungeklärte Fragen habe, die mich selbst verunsichern und mein Vorhaben zum Scheitern bringen könnten, kann ich diese Frage nur mit einem Nein beantworten. Somit bin ich, trotz überschwänglichem Enthusiasmus, nicht bereit, mein Vorhaben anderen mitzuteilen. Da mich die Negativität eventuell scheitern ließe.
Natürlich ist es auch nicht so, dass unser Gegenüber uns nur negative Argumente liefert. Aber das Risiko ist nun mal da, weil uns immer erst das Negative einfällt.

Neid vergiftet unseren Charakter

Natürlich werden wir auch immer wieder mit der Missgunst und dem Neid anderer konfrontiert. Doch darum geht es in diesem Kapitel nicht. Hier befassen wir uns mit dem Neid, der in uns wohnt und bei manch einem ganz schön an der Oberfläche brodelt.

Was macht Neid eigentlich so giftig?
Warum benebelt er unseren Geist und legt sich wie ein Schatten auf unsere Seele?

Durch meine Erkrankung blieb mir bis dato eine erfolgreiche Karriere verwehrt. So blickte ich immer mit Neid und Missgunst auf die beruflichen Erfolge meiner Mitmenschen. Ich bin zwar nie bösartig geworden, allerdings habe ich mich dazu entschieden, mich nicht mehr so fühlen zu wollen. Wie ich das geschafft habe, erkläre ich dir mit den folgenden Zeilen.

Wenn ich in mich gehe und mir vorstelle, dass ich nun total neidisch auf den Erfolg einer Bestseller Autorin wäre, fallen mir prompt Argumente ein, um diese schlecht zu machen. Nicht nur ihren Erfolg, sondern auch ihre Person. Und das würde so viel mehr über mich selbst aussagen, als über die berühmte Autorin. Oder nicht?

Denn ich wäre nun voll mit negativen Gedanken und Gefühlen und würde ihr vermutlich nur Schlechtes wünschen. Da sie etwas hat, was ich glaube, nie haben zu können. Und deshalb gönne ich ihr den Erfolg nicht und mache sie bei jedem schlecht, der mir über den Weg läuft. Vielleicht stiftet mich dieser in mir aufkeimende Hass auch dazu an, eine schlechte Rezension bei allen nur möglichen Anbietern zu schreiben. Vielleicht stiftet dieser Hass, den ich einer mir völlig fremden Person entgegenbringe, sogar dazu an, einen negativen Beitrag über diese Person zu verfassen und über Social Media zu verbreiten. Dies betreibe ich dann so lange, bis ich mich darin verloren habe und mich selbst nicht mehr wiedererkenne.

Was hätte ich in dieser Situation gewonnen? Ginge es mir nun besser, meine kostbare Zeit und Energie damit verschwendet zu haben, jemand anderen zu hassen, nur weil diese Person etwas erreicht hat, das mir bis jetzt vergönnt blieb? Im Gegenteil! Ich hätte mich verloren und wüsste nicht mehr, warum ich zu gewissen Taten überhaupt imstande war. Der Neid hätte meinen Verstand benebelt und meinen Geist vergiftet. Ich wäre zu einem Menschen geworden, der ich nie hätte sein wollen.

Dies ist zwar nur ein Beispiel, um dir zu veranschaulichen, wie Neid uns vergiftet. Dennoch habe ich die

Erfahrung gemacht, dass es recht vielen Menschen so zu gehen scheint.

Wie habe ich nun gelernt, mit dem Neid und dem Begehren umzugehen, welches ich gelegentlich verspüre. Dies ist in erster Linie menschlich und in einem gewissen Maße absolut in Ordnung.

Der erste Schritt hierzu war für mich, zu erkennen, dass ich nun gerade diese Emotion verspüre und mich dann zu hinterfragen: Warum fühle ich mich gerade so?

Denn dieser Neid ist mein Problem und nicht das Problem meines Gegenübers. Also habe ich für mich erkannt, dass mich die Tatsache triggert, dass ich die Sache, auf die ich gerade Neid verspürte, selbst nie haben kann, dass dies eine unmögliche Herausforderung zu sein scheint. Dann kam, wie aus dem Nichts, die Zuversicht und flüsterte mir zu: Und was ist, wenn nicht? Was ist, wenn du das auch alles haben kannst?

Dieser Gedanke der Zuversicht fühlte sich an wie ein Strohhalm. Bis die für mich zu dem Zeitpunkt berechtigten Zweifel wieder aufkamen: Das schaffst du nie. Wie stellst du dir das vor? Du kannst nichts besonders gut. Niemand glaubt an dich.

Der Zweifel brachte also gleich meine guten Bekannten mit, die Glaubenssätze. Doch die Zuversicht war stärker und ich fing an, meinen Neid und die Missgunst auf die Erfolge anderer abzulegen und hinterfragte mich selbst: Was machen die Personen anders, die erfolgreich sind, in dem was sie machen?

Ich habe für mich erkannt, dass ich aus den Erfolgen anderer lernen kann. So gelang es mir, jedem Menschen alles zu gönnen, und ich freue mich noch heute, wenn ich jemanden sehe, der erfolgreich ist, mit und in dem was er macht.

Ich muss meine Kraft und Energie nicht mehr damit verschwenden neidisch auf andere zu sein, und meine Gedanken sind frei von Missgunst und Hass anderen gegenüber. Dies ermöglicht mir, mich fortlaufend auf mich und meine Erfolge zu fokussieren.

Ich bin davon überzeugt, dass sich niemand von uns von Neid freisprechen kann. Diese Emotion hat in jedem von uns ein Zuhause gefunden. Wichtig ist es, den Neid immer wieder aus dem Fenster blicken zu lassen und sich über dessen Kraft bewusst zu sein. Denn der Neid zerstört unser Selbst, wenn er die Oberhand gewinnt.

SINN DES LEBENS

Hast du dich auch schon mal gefragt, worin der Sinn deines Lebens besteht?
Ich denke, dass diese Frage uns alle mehr oder weniger umtreibt. Vielleicht hast du sogar schon eine Antwort darauf gefunden.

Vielen von uns fällt es schwer, sich mit dem eigenen Leben anzufreunden, weil uns der Sinn in diesem fehlt. Auch ich habe lange mit dieser Frage gekämpft und immer gedacht, dass dies etwas sein muss, was anderen hilft. Ob ich eine Antwort darauf gefunden habe oder jemals finden werden, kann ich an diesem Punkt noch nicht genau beantworten. Allerdings möchte ich dir meine Gedanken diesbezüglich näherbringen.

Hierzu sollten wir uns erst einmal klar werden, wie wir den Sinn des Lebens für uns überhaupt definieren.

Ist dies ein Ziel, welches wir erreichen wollen, oder ein Gefühl, welches uns ausfüllt?

Worin besteht dein Sinn des Lebens?

Bitte schreibe dir deine Gedanken dazu auf.

Ich bin der Auffassung, dass es nicht den einen Sinn im Leben des jeweiligen Individuums gibt. Denn Wünsche, Gefühle, Emotionen, Gedanken und Sinnhaftigkeit ändern sich im Laufe des gesamten Lebens. Niemand von uns ist heute dieselbe Person wie vor zehn Jahren. Deshalb halte ich es für einen Trugschluss, sich diesbezüglich festzulegen. Sonst sind wir nachher unglücklich darüber, dass uns unser gewählter Sinn im Leben nicht mehr erfüllt.

Wenn es mich also heute glücklich und zufrieden machen würde, Brunnen und Schulen in Afrika zu bauen, dann mache ich genau das. Wenn ich nun aber glücklicher damit bin, meine Koffer zu packen, um eine Weltreise zu unternehmen, mache ich eben das. Und das ist auch vollkommen okay und bedeutet nicht, dass ich keine Brunnen und Schulen in Afrika bauen werde. Nur eben nicht jetzt. Da meine Zeit dazu noch nicht gekommen ist, weil ich noch nicht bereit dafür bin. Da mir vielleicht noch das nötige Handwerk fehlt. Und das ist in Ordnung, weil ich die Fähigkeiten der Akzeptanz und Zuversicht besitze, um mich und meine Wünsche und Bedürfnisse in dem Bewusstsein zu respektieren, dass diese sich wieder ändern können.

Derzeit bin ich glücklich und erfüllt mit dem, was ich mache. Aber muss ich das morgen auch noch sein? Ich denke nicht.

SEI FAIR ZU DIR

Ist dir auch schon einmal aufgefallen, wie schrecklich unfair wir zu uns selbst sind? Wie fies und widerlich wir uns selbst behandeln? Mir jedenfalls schon. Ich bin selbst mein größter Feind und Kritiker. Eigentlich sollte ich mich mit Liebe und Respekt behandeln. Doch die meiste Zeit fällt mir das sehr schwer und ich erwische mich dabei, wie ich schlechte Gedanken über mein Aussehen, meine Art und meine Erfolge hege:

- Meine Nase ist zu groß.
- Mein Po nicht straff genug.
- Die Stirn zu faltig.
- Ich bin es nicht wert, liebevoll behandelt zu werden.
- Ich habe es verdient, dass mich andere schlecht behandeln.

Viele solcher Gedanken wohnen in mir und in vielen anderen Personen auch.
Hast du solche Gedanken dir gegenüber?

Bitte schreibe dir deine Gedanken auf.

Wenn ich mir meine Gedanken durchlese, finde ich sie nicht sonderlich fair mir gegenüber. Sie sind sogar richtig unfair und gemein. Wenn ich mir nun vorstelle, dass diese Sätze von jemand anderem kommen würden, wäre ich zutiefst verletzt.

Warum dulde ich es also, dass ich mich selbst so mies behandle?

Ich bin davon überzeugt, dass es die eigenen Glaubenssätze sind, die für dieses negative Selbstbild sorgen. Und hierbei ist es egal, ob diese aus unserer Kindheit stammen oder im späteren Verlauf unseres Lebens entstanden sind.

Nun habe ich es geschafft, mir meine Glaubenssätze bewusst zu machen, diese zu reflektieren, um mit ihnen zu arbeiten. Dennoch sitzen die negativen Emotionen in mir selbst so tief, dass ich oft ein Problem damit habe, mich selbst fair zu behandeln. Denn ich kann nichts für meine, wie ich finde, zu groß geratene Nase oder meine Stirnfalten. Ich habe mich nicht selbst erschaffen.

Also lerne ich nun, mich selbst genauso zu lieben, wie ich bin. Und wenn mir das mal wieder schwerfällt, denke ich:

Fändest du es in Ordnung, wenn jemand anderes so über dich sprechen würde?

Die Antwort darauf fällt mir immer leicht:

> Nein, das fände ich nicht in Ordnung und es
> würde mich sauer und traurig stimmen.

Also würde ich in die Verteidigung gehen, wenn mir jemand diese von mir selbst aufgeschriebenen Sätze vorwerfen würde!

> Und warum schaffe ich das nicht mir selbst und
> meinen negativen Gedanken gegenüber?

Ich glaube, dass es die Macht der Gewohnheit ist, die mich davon abhält. Ich bin es schlichtweg gewohnt, negativ über mich zu denken. Und die Gewohnheit ist des Menschen größter Feind. Denn diese Gewohnheit verspricht uns Sicherheit, so schlecht sie auch sein mag.

Deshalb habe ich gelernt sie auszutricksen und stelle mir nun immer die zuvor genannte Frage. So habe ich gelernt, fair zu mir selbst zu sein. Das heißt nicht, dass ich mich nicht kritisieren darf.

Im Gegenteil:

> Reflektierte Selbstkritik ist immer gut, denn sie
> bringt uns voran.

VERZEIHEN UND VERGESSEN UND ALLES WIRD GUT?

Nein!

Diese Erfahrung habe ich nicht gemacht. Ich selbst habe traumatische Ereignisse in meinem Leben erlebt. Dutzende Therapien gemacht, um das Erlebte zu verarbeiten und zu verstehen, wie diese Ereignisse mein Leben beeinflusst haben. Und während jeder Therapie stand ich immer wieder vor diesem Satz:

Du musst den Menschen verzeihen, um selbst weiterzukommen.

Konnte ich wirklich alles verzeihen, was mir jemals angetan wurde?

Nein!

Konnte ich mir das auch nur ansatzweise vorstellen?

Nein!

Also was dann?

Verzeihen ging nicht, vergessen ging erst recht nicht. Wie sollte ich an diesem für mich unüberwindbaren Punkt weiterkommen? Diese Hürde erschien mir Jahrzehnte als unüberwindbar. Doch ich habe einen Weg für mich gefunden.

Ich habe es schlichtweg akzeptiert, dass ich diese Erfahrungen machen musste. Und das war für mich persönlich der einzig funktionierende Weg. Denn der Schmerz, die Trauer und die Wut über gewisse Erlebnisse sind nach und nach verblasst und ich kann und konnte abschließen.

Ich bin mir darüber bewusst, dass dies ein Prozess ist, der mitunter Jahre dauert. Aber ich merke, dass ich mich durch die Kraft, die ich in der Akzeptanz gefunden habe, selbst von dieser Last befreien konnte. Und das, ohne weiter versuchen zu müssen, die Beweggründe der Personen verstehen zu müssen, die dafür verantwortlich waren.

Vielleicht bin ich irgendwann in der Lage, zu verzeihen. Vielleicht aber auch nicht. Die Hauptsache ist jedoch, dass ich mental einen Weg für mich gefunden habe, weiterzukommen.

Ist es dir gelungen zu verzeihen?

Oder glaubst du, dass du mit der Kraft der Akzeptanz mehr Erfolg hast, um endlich mit gewissen Themen in deinem Leben abschließen zu können?

Bitte schreibe deine Gedanken dazu auf.

_____

_____

_____

_____

_____

_____

_____

_____

_____

_____

_____

_____

_____

_____

_____

_____

_____

_____

_____

_____

_____

Ist das Leben fair?

Meine Antwort auf diese Frage, die ich mir selbst schon oft gestellt habe, lautet ganz klar: Nein.

Ich glaube nicht, dass es fair ist, dass in Afrika Menschen verhungern und verdursten und wir uns hier täglich die Bäuche bis zum Anschlag vollschlagen. Ich glaube auch nicht, dass es fair ist, dass einige von uns schwere Schicksale erlitten haben, und wieder andere nichts Schlimmeres erlebt haben, als einen Kratzer an ihrem Porsche, den sie von Mami und Papi zum achtzehnten Geburtstag geschenkt bekommen haben.

Das Leben ist also nicht fair. Aber wir haben es in der Hand. Jeder von uns besitzt das nötige Handwerk, das Leben ins Positive zu ändern. Und vielleicht sind eben diese Menschen mit besonderen Schicksalen für etwas Größeres bestimmt. Denn sie haben etwas, was den anderen vermutlich ihr Leben lang verwehrt bleiben wird. Menschen mit schweren Schicksalen haben einen Blick auf die Welt gelernt, der allen anderen unter Umständen immer verwehrt bleiben wird. Und dieser Blick muss nicht immer nur schlecht sein.

Heute sehe ich die Möglichkeiten, die mir mein persönliches Schicksal beschert hat. Ich wäre ohne meine Schmerzerkrankung niemals der Mensch geworden, der ich heute bin. Vermutlich wäre ich die pessimistische Persönlichkeit geblieben, die ich einst war.

Durch den langen und harten Weg, den ich gegangen bin, weiß ich die kleinen Dinge im Leben viel mehr zu schätzen. Ich rede nie um den heißen Brei, weil ich dafür schlichtweg keine Zeit habe. Deshalb bin ich immer ehrlich und direkt. Auch dann, wenn ich damit schon oft auf Ablehnung gestoßen bin, weil die meisten Menschen damit nicht umgehen können. Für mich ist das jedoch kein Problem.
Da ich meine Lebenszeit nicht mit Menschen verschwenden möchte, die mich eigentlich gar nicht mögen. Und ich habe keine Zeit mir darüber Gedanken zu machen, ob mich dieses oder jenes sympathisch macht. Denn ich habe nur dieses eine Leben, welches ich so gestalten kann, wie ich mir das vorstelle.

Ich habe gelernt, Menschen und ihren Aussagen zu misstrauen, mich nicht auf ersichtliche Fakten zu verlassen, und mir eine Menge Wissen angeeignet, welches ich selbstverständlich immer gerne mit Betroffenen teile, weil es mir wichtig ist, etwas zurückzugeben. Denn ich bin davon überzeugt, dass das, was ich zurückgebe, etwas Positives bewirken kann.

All meine Erfahrungen haben mich viel stärker und weitsichtiger gemacht. Sie helfen mir, schwierige Situationen mit einem Lächeln im Gesicht zu meistern. Weil ich schon Schlimmeres hinter mir habe. Und dieses Wissen macht mich stärker.

Somit:

Ja, das Leben an sich ist nicht immer fair. Doch wir haben es in der Hand, das Beste aus unseren Voraussetzungen zu machen, und manchmal können wir die Karten sogar neu mischen.

Gibt es Gegebenheiten in deinem Leben, die du als unfair erachtest?

Vielleicht hast du ja Lust, diese aufzuschreiben.

_____

_____

_____

_____

_____

_____

_____

_____

_____

_____

_____

_____

Umgang mit Vorurteilen

In meinem und ganz sicher auch in deinem Leben sind wir Menschen begegnet, die einen vorverurteilen. Ich habe mich jahrelang darüber aufgeregt und versucht, diese Menschen vom Gegenteil zu überzeugen. Mir war einfach wichtig, diesen Personen zu beweisen, dass sie unrecht haben. So haben sich meine Gedanken logischerweise häufig darum gedreht, Argumente zu finden, um mein Gegenüber umzustimmen. Was natürlich rückblickend totaler Quatsch war, weil ich längst erkannt habe, dass ich nicht automatisch die Person bin, die andere mir ankreiden.

Vor fünf Jahren wäre ich ausgeflippt, wenn mir jemand gesagt hätte, dass ich eine egoistische Persönlichkeit habe. Nur weil er oder sie meine Entscheidung nicht nachvollziehen konnte.

Heute kann ich da nur noch drüber lachen. Schon witzig, was einem alles egal wird, wenn man ganz unten angekommen ist. Ich habe das Leben neu zu schätzen gelernt.

Aber nicht nur das. Ich bin so stark in meiner inneren Mitte und in Frieden, dass ich heute weiß, dass ich nicht egoistisch bin, nur weil mein Gegenüber mich in keiner Weise versteht und es auch offensichtlich gar nicht möchte.

Aber ist das nun mein Problem? Ich denke nicht.

Die Person, die mich in eine Schublade steckt und mich überhaupt nicht verstehen möchte, hat das Problem.

Deshalb denke ich in solchen Situationen kurz darüber nach, warum sich diese Person an meiner Aussage oder meiner Handlung stören könnte, und schiebe dies dann zur Seite. Weil ich erkannt habe, worin das eigentliche Problem besteht.

Das gleiche Prinzip wende ich auch dann an, wenn ich mich selbst dabei erwische, wie ich jemanden vorverurteile, abwerte und in eine Schublade stecke. Ich hinterfrage mich dann und überlege, was mein Problem bei dieser Situation ist. Natürlich gelingt es mir nicht immer, das sofort mit meinem innersten Ich zu klären. Aber ich bleibe dann so lange dran, bis es für mich geklärt ist. Weil ich für mich beschlossen habe, nicht mehr in Schubladen zu denken. Da ich es meinem Gegenüber als unfair erachte. Erfahrungsgemäß wird es auch immer weniger, wenn man sich darüber bewusst ist.

Neid und Hass, den andere mir entgegenbringen

In unserem Leben wird es immer wieder Menschen geben, die uns den Dreck unter den Fingernägeln nicht gönnen. Diese sind so von Hass und Neid zerfressen, dass sich ein Gespräch mit diesen Personen nicht lohnt. Dies ist meiner Erfahrung nach nur reine Zeit- und Energieverschwendung.

Ich habe in der Vergangenheit auch Erfahrungen mit Menschen gemacht, die mir ihren Hass und Neid entgegenbrachten. Bis heute habe ich diesen inneren Antrieb nicht verstanden. Das werde ich wohl auch nie. Da ich ein ganz anderer Typ Mensch bin.

Allerdings hat dieses Thema sehr lange an mir genagt und mich lange Zeit beschäftigt. Ich habe mich gefragt, warum das alles passiert ist und was ich falsch gemacht habe. Eine Antwort habe ich nie erhalten. Wie denn auch? Das war gar nicht möglich. Da ich es einfach nicht verstanden habe.

Also musste ich einen anderen Weg finden, um damit zurechtzukommen. Ich hatte bereits zu viele Stunden nachgedacht, was die Beweggründe dieses Menschen waren. Und das hatte mir nun wirklich genug meiner kostbaren Lebenszeit gestohlen. Ich hörte damit auf darüber nachzudenken, worin die Beweggründe der Person bestanden, denn ich konnte eh nichts an dieser Situation ändern. Vielmehr fing ich an darüber nachzudenken, was das alles mit mir macht.

So habe ich gemerkt, dass ich mich traurig und irgendwie auch schuldig gefühlt habe. Obwohl ich, meiner Meinung nach, überhaupt nichts verbrochen habe. Und ich entschied mich schlussendlich dazu, mich nicht mehr so zu fühlen und mich wieder auf mich zu konzentrieren. Das, was andere Menschen machen, liegt schließlich nicht in meiner Hand.

Also akzeptierte ich die Tatsachen, die ich nicht ändern konnte, und blieb bei mir und meinen Emotionen.

Schlussendlich war ich gar nicht das Problem. Sondern das eigentliche Problem trägt diese Person heute noch mit sich rum und wird sich irgendwann eine neue Zielscheibe suchen.

VERANTWORTUNG

Die meisten Menschen wollen die Verantwortung für ihre eigenen Fehler nicht übernehmen. Auch nicht dann, wenn es offensichtlich ist, dass sie einen Fehler gemacht haben.

Ich bin der Auffassung, dass es für dieses Verhalten zwei wesentliche Gründe gibt. Zum einen wollen wir uns die Blöße vor anderen nicht geben, unseren Fehler einzugestehen. Da wir diese unangenehmen Gefühle nicht bereit sind zu ertragen, die uns erwarten würden. Zum anderen ist die Scham uns selbst gegenüber noch viel größer, wenn wir uns wirklich einen Fehler eingestehen. Und vor uns selbst wollen wir immer das Gesicht wahren, um mit einem guten Gefühl in den Spiegel schauen zu können.

Diesen Aspekt der Selbstreflexion und der eigenen Fehlereinsicht halte ich für noch prägnanter und ausschlaggebender als den der Scham seinen Mitmenschen gegenüber. Erst wenn ich reflektiert und klar mit mir selbst bin, dass ich mir einen Fehler eingestehen kann, bin ich in der Lage, dieses auch vor anderen zu machen und eben diese Verantwortung zu tragen. Wenn ich nun aber emotional nicht bereit dafür oder mir noch überhaupt keiner Schuld bewusst bin, wird mich der Zustand schwer erschüttern, wenn mich jemand eines Fehlers bezichtigt. Also gehe ich in die einzige, mir logische Möglichkeit. Der Verteidigung!

Deshalb ist es wichtig, sich immer wieder klarzumachen, dass Fehler menschlich sind und wir mit ihnen wachsen. Sind wir uns dessen bewusst, dann sind wir vollkommen im Reinen mit unseren Taten und in der Lage, die nötige Verantwortung zu übernehmen.

Niemand ist fehlerfrei. Doch der Umstand, mit diesen Fehlern anders umzugehen, lässt uns an ihnen wachsen.

KARMA

Glaubst du an Karma?

Ich jedenfalls bin der Meinung, dass jeder von uns, früher oder später, das bekommt, was er verdient hat. Ganz nach dem Motto: Karma ist ne Bitch.

Uns allen ist doch schon mal etwas passiert, wo wir uns dachten: Womit habe ich das denn jetzt verdient? Dabei ist uns die Kausalität, die dazu führte, überhaupt nicht bewusst.

Karma erklärt sich am besten durch das Beispiel eines Tagesgeldkontos. Wir zahlen unser Leben lang darauf ein, und wenn wir Glück haben, bekommen wir Zinsen gutgeschrieben.

Nur wie kommt es dann manchmal dazu, dass wir Verlust machen oder sogar alles verlieren?

Nehmen wir als Beispiel einen erfolgreichen Manager. Monatlich verdient er um die zehntausend Euro. Er ist glücklich verheiratet und Vater eines Sohnes. Da der Manager allerdings kaum Zuhause ist, kann er keine enge Beziehung zu seinem Kind aufbauen. Allerdings fördert der Manager mit strengem Regiment die schulische Ausbildung seines Sohnes. Das ist ihm, nach seinem Job, das Wichtigste.

In der Pubertät fängt der Sohn an, mit seinem Vater nur noch negative Emotionen zu verknüpfen. Da dieser nie da ist und nur seine schulischen Leistungen bewertet, wenn diese für ihn nicht zufriedenstellend ausfallen. Außerdem geht sein Sohn dreimal in der Woche zur Nachhilfe. Wenn er eine schlechtere Note als eine Zwei schreibt, bekommt er Hausarrest, um seine Zeit mit noch intensiverem Lernen zu verbringen. Der Hausarrest bleibt so lange bestehen, bis er eine Überprüfungsarbeit bei seinem Vater über den gelernten Stoff mit mindestens einer Zwei besteht.

Als der Sohn schließlich älter ist und studiert, bricht er den Kontakt zu seinem Vater ab. Dies ist für den Sohn ein wichtiger und richtiger Schritt. Sein Vater versteht jedoch die Welt nicht mehr. Warum hat der Sohn nun den Kontakt abgebrochen, obwohl er seiner Meinung nach immer alles für sein Kind getan hat? Schließlich macht der Sohn, dank des Vaters, ein Einser Abitur und kann seinen Traum vom Medizinstudium verwirklichen.

Ja, der Manager hat in seinen Augen alles in seiner Macht Stehende getan. Ihm ist jedoch seine Arbeit und seine Karriere derart wichtig, dass er nicht bereit war und ist, auf das Beziehungskonto zu seinem Sohn einzuzahlen. Das kostet ihn Arbeitszeit, und dieses Opfer möchte und wollte er nicht bringen. Er ist von seiner Arbeit so eingenommen, dass er dem

Beziehungswert kaum Beachtung schenkt. Und das rächt sich später in Form von Karma, welches er sich, bezogen auf die Beziehung zu seinem Sohn, erarbeitet. Er hat sich erarbeitet, was er von seinem Sohn bekommt. Nur das erkennt er nicht. Er ist zutiefst enttäuscht und erschüttert, als sein Sohn den Kontakt abbricht. Dieser hat im Vorfeld des Öfteren versucht, ein Gespräch mit dem Vater zu führen. Doch der Vater versteht ihn nicht. So bleibt ihm schlussendlich nur dieser letzte Schritt übrig. Da die Beziehung zum Vater nicht gut für seine mentale Gesundheit ist.

Auch die Frau des Managers erkennt, dass sie die Einzige ist, die auf das Beziehungskonto ihrer Ehe einzahlt und verlässt ihren Mann kurze Zeit, nachdem der Sohn den Kontakt zum Vater abbrach.

Nun ist der Manager allein. Er verdient immer noch gutes Geld, welches ihn aber nicht glücklich macht. Er stirbt zwei Wochen nach der Trennung an einem gebrochenen Herzen (Herzinfarkt), allein in seiner Penthousewohnung.

Was glaubst du, warum der Manager schlussendlich so viel Leid ertragen musste?

Hast du die Kausalität erkannt?

Und was fällt dir in Bezug auf dein eigenes Leben ein?

Kannst du dort Zusammenhänge erkennen?

Für deine Notizen.

ÄNGSTE

Jeder von uns hat Ängste. Dass uns diese nicht aufhalten dürfen und wir keinen Rat von unserer Angst annehmen sollten, habe ich schon angesprochen. Aber bist du dir deiner größten Ängste überhaupt bewusst?
Manchmal sind sie so tief in uns verwurzelt, dass sie Teil unserer Persönlichkeit geworden sind und uns überhaupt nicht mehr auffallen.

Eine meiner größten Ängste ist es, zu sterben und nichts zu hinterlassen. In einhundert Jahren hätte man mich vergessen und niemand würde sich mehr an mich erinnern oder meinen Namen mit etwas in Verbindung bringen, was ich hinterlassen habe, um der Gesellschaft einen positiven Mehrwert zu bieten.
Für mich ist dies eine der schrecklichsten Vorstellungen. Gleich nach den Ängsten, die uns alle beschäftigen. Wie die, einen geliebten Menschen zu verlieren oder schwer zu erkranken.
Und obwohl ich mir meiner Ängste bewusst bin, setze ich mich nicht aktiv mir ihnen auseinander. Diese benutze ich jedoch als Antrieb, um meine Ziele im Leben zu erreichen. Weil mir meine Ängste genau sagen, was ich nicht will. Und manchmal ist dies viel einfacher, als zu eruieren, was wir wollen oder von

unserem Leben erwarten. Ich bin mir sicher, wenn du dir nun eine Liste machst mit Dingen, die du nicht willst, fallen dir sofort viele ein. Aber was ist mit den Dingen, die du möchtest oder von deinem Leben erwartest? Was fällt dir da ein?

Vielleicht helfen dir deine Ängste dabei, deine innersten Wünsche zu kanalisieren. Manchmal müssen wir uns eben austricksen, um Zugang zu unserem innersten Selbst zu bekommen.

Worin besteht deine größte Angst?

_____

_____

_____

_____

_____

_____

_____

_____

_____

_____

_____

_____

_____

_____

_____

_____

_____

_____

_____

_____

_____

_____

_____

_____

Welche Bedeutung hat diese Angst für dich?

_____

_____

_____

_____

_____

_____

_____

_____

_____

_____

_____

_____

_____

_____

_____

_____

_____

_____

_____

_____

_____

_____

_____

_____

_____

_____

_____

Hat deine Angst vielleicht sogar einen positiven Mehrwert für dich? Ich jedenfalls habe gewisse Ängste, die mir diesen bieten. Angst muss also unterbewusst oder auch bewusst nicht zwingend negativ bewertet werden. Manchmal ist meine Angst auch nur eine willkommene Ausrede, etwas nicht zu tun.

WIR DENKEN UNS ALLES KAPUTT

Vielleicht hast du jetzt eine supertolle Idee, die dich in deinem Leben weiterbringen kann.

Mir geht es bei solchen Zeilen jedenfalls immer so. Dann sprudelt es förmlich aus mir heraus. Nun solltest du jedoch bitte einen entscheidenen Fehler vermeiden. Du darfst nicht zu viel über deine Idee nachdenken, weil du so wieder Gefahr läufst, dir alles kaputt zu denken.

Wenn ich meine Idee, diesen Ratgeber zu schreiben, nicht sofort in die Tat umgesetzt hätte, ohne groß über die Konsequenzen der Veröffentlichung nachzudenken, dann hätte ich diesen zu 100 % nie geschrieben.

Da ich es mit der Angst zu tun bekommen hätte, welche Aufgaben und Herausforderungen mich erwarten. Und diese Angst lähmt einen und lässt einen erstarren, sodass wir erst gar nicht ins Tun kommen. Auch dann nicht, wenn wir uns über die oben geschriebenen Sätze im Klaren sind.

Also müssen wir diese Angst austricksen. Und das funktioniert nur, wenn wir unsere Idee sofort anfangen umzusetzen.

Und das am besten schriftlich. Denn alles, was wir aufschreiben, zum Beispiel auf ein Blatt Papier, sind wir bereits am Umsetzen.

Mach dir bitte eine Liste mit deinem Ziel, und dann fange an zu definieren, was du brauchst, um dein Ziel zu erreichen. Suche dir dann den ersten Schritt raus und fang an.

Fang einfach an.

Ich bin davon überzeugt, dass du alles schaffen kannst, und wünsche dir viel Spaß beim Erreichen deiner Ziele.

Wenn dir meine Denkanstöße gefallen haben, würde ich mich sehr über eine Rezension freuen. Auch konstruktive Kritik nehme ich gerne an.

Und wenn du mehr über mich und meine ganz persönliche Geschichte als Schmerzpatientin erfahren möchtest, kannst du dieses in meiner Autobiografie lesen, die 2024 erscheinen wird.

NACHWORT

Ich weiß, dass es immer einfacher ist, etwas in Worte zu fassen, als es in die Tat umzusetzen. Auch ich hatte jahrelang Träume, Vorstellungen und unerfüllte Wünsche, wie mein Leben zu sein hat. Doch ich habe gelernt, dass wir uns genau davon frei machen müssen. Das zu erkennen und zu leben tat im ersten Moment wirklich weh. Aber der Schmerz vergeht schnell, denn du merkst, dass du so viel positiver leben kannst, wenn du dranbleibst. Und du wirst automatisch glücklicher, zufriedener und kommst in deine eigene Kraft.

Ohne all das zu akzeptieren, wäre ich nie einen Schritt weiter gekommen, um mich selbst von dieser Last in meinem Herzen und auf meiner Seele zu befreien.

DANKSAGUNG

Ich bin dankbar für die Erfahrungen und die schweren Zeiten, die mich zu dem gemacht haben, der ich heute bin. Versteh mich bitte nicht falsch, natürlich waren die Jahre vorher schwer und emotional anstrengend. Und ich habe mir oft gewünscht, ein normales Leben führen zu können. Doch seien wir mal ehrlich, was ist schon normal und wer entscheidet das?

Mein Leben vorher hat mich geformt, mir emotionalen Weitblick geschenkt und mich mein Leben neu sortieren lassen. Mich zu einem besseren Selbst geführt.

Vieles fällt mir, dank meines bis vor kurzem schwierigen Lebens, heute wesentlich leichter. Denn diese Zeit hat meinen Geist geformt, ihn stark gemacht.

Ich danke dir, lieber Leser, liebe Leserin, dass du mir deine kostbare Zeit geschenkt hast. Und ich wünsche mir, dass ich dir mit meinen Denkanstößen den Weg etwas erleichtern kann.

Ganz besonders möchte ich mich bei meiner Lektorin Sigrid Wohlgemuth für ihre Geduld und ihren warmherzigen und feinfühligen Umgang meiner Werke danken.

Ebenso bedanke ich mich bei Perry Payne für die schnelle und unkomplizierte Umsetzung des Covers und bei Fabio Quirini für das tolle Porträtfoto.

Vita

Die Jungautorin Sarah Baudendistel wurde am 23.04.1987 in Leverkusen geboren. Als ausgebildete Sozialassistentin träumte sie von einer weiteren Ausbildung zur Erzieherin, mit anschließendem Studium. Leider blieb dieser Herzenswunsch unerfüllt aufgrund ihrer Erkrankung. Doch mit all den Jahren des Verzichts lernte die Autorin, dass Glück und Erfolg auch mit ihren Voraussetzungen möglich waren. Deshalb ist es ihr ein Anliegen, diese Denkanstöße und Erfahrungen zu teilen. Denn sie ist davon überzeugt, dass jeder auf seine Weise glücklich und zufrieden werden kann.